AF224766

grande lutte et à la France de jouer le premier rôle sur ce vaste champ de bataille des ambitions européennes. La grandeur des intérêts en jeu a été égale à l'immensité des moyens employés, les avantages obtenus à l'opiniâtreté de la résistance. Désormais, la Turquie, retrempée dans la guerre, sera plus étroitement unie au système général de l'Europe ; l'Euxin redeviendra une mer moins militaire que commerciale ; une organisation forte et nationale permettra aux Principautés de développer en paix leurs immenses richesses, et les populations chrétiennes de l'empire seront admises à l'exercice de tous les droits ; enfin le cours du Danube, libre d'entraves, sera une grande voie ouverte à la civilisation de l'Occident, dont les armes ont accru le prestige.

La question d'Orient, qui embrasse tant d'intérêts divers, occupe donc à bon droit la première place dans les préoccupations de l'Europe, dans ses pensées de chaque jour. Toutefois, elle ne doit pas l'absorber au point de détourner entièrement son attention des événements qui se produisent sur d'autres rivages et lui faire négliger le reste de l'univers. Le champ de l'activité humaine est plus étendu. L'histoire des peuples a un horizon plus vaste : elle ne séjourne point tout entière dans un espace si restreint. Le bassin de la mer Noire ou de la Baltique ne saurait la contenir, et la politique du monde ne sera pas toujours comprise entre le détroit des Dardanelles et l'isthme de Pérécop.

Si donc nous jetons un regard sur le reste du monde, nous voyons de l'autre côté de l'Atlantique s'élever un peuple jeune, d'une énergie et d'une ambition incroyables, capable de tout entreprendre et de tout oser ; nous voyons ce peuple, gouverné par des institutions diamétralement opposées à celles de la Russie, obéissant à des principes contraires, arriver à un résultat analogue. D'un côté, la monarchie absolue ; de l'autre, la démocratie pure ; mais ces principes, poussés à l'extrême, semblent produire les mêmes effets, un besoin d'expansion, d'agrandissement sans bornes, qui menace l'indépendance des autres États et détruit tout équilibre politique.

On a beaucoup parlé, dans ces derniers temps, de l'esprit d'envahissement, de conquête de la Russie. On s'est étonné qu'un empire, déjà si vaste, songe à s'étendre encore davantage. La Russie, il est vrai, depuis un siècle a conquis la Finlande, démembré la Pologne, enlevé la Bessarabie et la Crimée à l'empire turc, étendu son influence du côté de la mer Caspienne et de la Transcaucasie et jusque sur le vaste plateau de l'Asie centrale.

Mais les États-Unis, de leur côté, ne sont point demeurés inactifs et ne sont point en arrière dans la voie des envahissements. Depuis cinquante ans, ils ont acheté la Louisiane, presque aussi grande que la France ; ils ont réuni à leur territoire les Florides, enlevées à l'Espagne ; ils ont annexé l'Orégon ; ils ont ravi au Mexique le Texas et la Californie. Là ne s'arrêtent pas leurs projets. Peu contents de ces coups d'essai, ils méditent de plus vastes conquêtes. Pourquoi ne pas annexer tout le Mexique, au lieu de prendre une à une ses provinces ? L'Amérique centrale est indispensable à la prépondérance des Américains du Nord sur le Pacifique. Cuba serait un heureux auxiliaire pour les États à esclaves, menacés par les États abolitionnistes. Il n'est point jusqu'au Canada, à Saint-Domingue et aux iles Sandwich qui ne soient directement menacés par cette propagande envahissante, qui flatte les instincts des citoyens des États-Unis et inspire leurs hommes d'État. La doctrine du président Monroë, qui semble aujourd'hui servir de guide à cette politique, peut être hardiment mise en parallèle avec le testament fameux de Pierre le Grand.

Tandis que ce document historique est connu de tous et se colporte dans nos rues, le système de politique extérieure du président Monroë n'a point jusqu'ici provoqué les alarmes du vieux continent. Cependant, aussi populaire aux États-Unis que le testament du czar Pierre en Russie, aussi féconde en désastres pour l'Europe, cette doctrine devrait fixer les regards de ce côté de l'Atlantique. Elle ne tendrait à rien moins, en effet, qu'à bannir entièrement le drapeau et l'influence de l'Europe de tout le continent américain. L'Amérique pour les Américains, tel est le cri de cette école. D'un côté, l'Europe, de l'autre, la jeune Amérique, et au milieu de l'Atlantique, une ligne idéale, limite extrême des deux influences. Que l'Europe poursuive tant qu'il lui plaira ses antiques querelles, mais qu'elle ne vienne point entraver les citoyens des États-Unis dans leur marche et ne soit point un obstacle à leurs projets. Les Américains du Nord ne doivent souffrir aucune intervention ni conquête nouvelle de l'Europe sur tout leur continent. Ils doivent s'appliquer, au contraire, à faire disparaître sa domination des points où elle existe encore, et surtout combattre toute immixtion de sa part dans les questions américaines.

On comprend le résultat logique, infaillible d'une pareille doctrine. Les États-Unis étant à eux seuls aussi riches et aussi forts que tous les autres états de l'Amérique réunis, c'est, dans une courte période de temps, l'anéantissement de toutes les nationalités distinctes du Nouveau-Monde, et leur annexion à la grande société américaine. C'est l'Europe amoindrie, privée de ses colonies, affaiblie dans son influence ; et en face d'elle un immense continent, obéissant à une même race, la race anglo-saxonne ; ne reconnaissant qu'un drapeau, l'étoile de l'Union.

Or, ces idées de la théorie pure sont venues dans l'ordre des faits. Les Américains du nord ne sont point très spéculatifs, et ils passent rapidement de la théorie à la pratique. Ils se sont donc mis résolument à l'œuvre, et les principes du président Monroë dirigent aujourd'hui la conduite du cabinet de Washington. Le moment est venu pour les états européens de résister à ces influences, et d'opposer une digue à ces desseins ambitieux. Déja l'Angleterre, la plus menacée, s'émeut. Pour qui connaît l'incroyable activité et l'esprit aventureux des Américains, il y a lieu de se hâter. Il semble qu'ils craignent d'arriver trop tard sur la scène du monde, ou que, semblables aux hordes du moyen-âge, ils soient poussés par un dieu inconnu. *Go ahead!* rien ne leur coûte pour cela. Ils n'ont aucun souci de la vie humaine, et les principes du droit des gens ne sont point capables de les arrêter dans leur marche. En peu d'années, les villes doublent de population, les territoires déserts sont couverts de riches cultures, des centaines de bateaux à vapeur sillonnent les mers, remontent les fleuves, et, malgré ce travail incessant, le premier aventurier qui se présente trouve encore à réunir autour de lui des centaines de valeureux combattants.

Nous allons jeter un coup d'œil sur cette politique des États-Unis, et voir les principales conséquences de la doctrine de Monroë. Nous étudierons successivement l'action de la grande république dans l'Amérique du Nord, dans l'Amérique centrale, et dans l'Amérique du Sud. Nous la verrons ensuite retourner ses forces naissantes contre l'Europe : et, toujours agressive et audacieuse, se heurter partout contre la politique conservatrice de la France et de l'Angleterre.

1.

Chacun sait que dans la dernière guerre entre les puissances maritimes et la Russie, toutes les sympathies des Américains ont été pour les armées Russes. Nous sommes déjà loin du temps, où à l'occasion de l'entrée triomphale de Kossuth à New-York, ils votaient des grognements à l'*Ours* de Russie. Les États-Unis espéraient beaucoup d'une guerre européenne pour mettre à exécution leurs projets de conquêtes. Aussi, dès les débuts de la question d'Orient, les rapports entre le gouvernement russe et le cabinet de Washington ont-ils été des plus intimes. On a même parlé d'une lettre écrite au président Pierce par l'empereur Nicolas. Dans cette lettre, le czar proposait au président la cession de l'Amérique russe, moyennant certaines conditions. Cette offre fit sourire l'ambition Yankee. Un grand conseil de cabinet fut aussitôt réuni, et plusieurs voix s'élevèrent en faveur de l'acceptation. Mais les conditions étaient trop onéreuses, il fallait prendre part à la guerre : et le président, craignant de se compromettre vis-à-vis des puissances maritimes, remit à une autre époque l'acquisition de l'Amérique russe.

Un autre territoire, le Canada et ses dépendances, excite davantage la convoitise des États-Unis. Ils encouragent les intrigues qui surgissent dans cette colonie, fomentent tous les mécontentements, réunissent des meetings où l'on traite de l'annexion. L'ardeur des *sympathiseurs* est sans égale. Les États-Unis semblent déjà tenir le Canada. Mais une annexion opérée par ce peuple envahissant serait la mort de cette nationalité. Les saines populations françaises du Canada le sentent, et ont résisté jusqu'ici à l'entraînement général. On peut toutefois prévoir l'époque où le flot croissant de l'émigration américaine enlèvera à l'Angleterre cette belle colonie. Pressée de toutes parts par la politique des États-Unis, elle lui échappera un jour, et il y a déjà longtemps qu'elle aurait été ravie à la France.

L'Orégon a été depuis peu réuni à la fédération. C'est un territoire encore désert et sauvage, abandonné aux Indiens et à la solitude ; mais il est borné par l'Océan Pacifique, et est une frontière naturelle : ce qui lui donne de l'importance.

Le Texas et la Californie ont été tour à tour arrachés au Mexique. Rien ne fait mieux connaître la politique des États-Unis que la conquête du Texas. Des citoyens des états voisins viennent tranquillement s'établir dans la province mexicaine, peuplée à peine. D'abord ils ne font point parler d'eux, et s'organisent en silence : des compatriotes viennent les rejoindre, et s'adjoignent à la communauté naissante. Bientôt, ils sont plus riches et plus nombreux que la population indigène. Alors ils deviennent pleins d'arrogance, refusent de reconnaître les lois établies, et s'insurgent contre le gouvernement existant. A leur appel, mille aventuriers sans ressources accourent de tous les points de l'Union, armés du redoutable *revolver*, et conduits par des Houston ou des Austin, généraux improvisés. L'armée fédérale s'approche de la frontière pour la préserver, et une partie des soldats désobéissant à la timide voix de leurs chefs, vont se joindre aux insurgés. Le général écrit à Washington qu'il n'a pu retenir ses soldats impassibles dans les rangs, et le gouvernement fédéral se contente de cette explication. Bref, les troupes méxicaines sont mises en déroute, leur général est fait prisonnier, et le Texas proclame son indépendance comme nation distincte. Peu après, cependant, il trouve plus avantageux d'entrer dans la grande république Américaine, et l'Union compte une étoile de plus. Tel est le résumé de la révolution du Texas, accomplie il y a quinze ans.

L'annexion de la Californie est plus récente, et date de quelques années avant la révolution de février. Le Mexique, en proie à l'anarchie et à la désorganisation sociale, sans finances pour payer ses administrateurs et ses soldats, se contenta des quelques millions de dollars que consentit à lui fournir le gouvernement des États-Unis.

Ainsi se réalisait le vœu le plus cher des Américains, la possession de ports sur l'Océan Pacifique. La baie de San-Francisco leur permit de doubler leur commerce, et d'établir leur prépondérance sur toutes les autres nations rivales dans les mers de la Chine et du Japon. La supériorité des États-Unis dans ces parages devient chaque jour plus manifeste. Ils y sont déjà un plus grand personnage que l'Angleterre. Ils y déploient une activité effrayante et entretiennent à eux seuls plus de quatre cents navires baleiniers, plus que tout le reste du monde réuni. Une circonstance mémorable est venue récemment prouver leur influence. On sait qu'une escadre sous les ordres du commodore Perry avait été envoyée pour offrir des présents à l'empereur du Japon et solliciter la conclusion d'un traité de commerce. Ce traité vient d'être signé. Les deux ports de Simoda et de Hakodade, avec le droit de parcours dans un rayon de sept milles, sont ouverts au commerce américain. Sur ces deux points, les bâtiments de l'Union pourront se procurer le bois, l'eau, les provisions, le charbon et tous les autres articles dont ils auront besoin. Ils auront, en outre, la faculté d'échanger des marchandises et d'avoir des consuls.

C'est donc aux Américains du Nord que revient l'honneur de l'ouverture du Japon, d'avoir fait sortir de son isolement et livré au commerce du monde cet empire de trente millions d'âmes, très-industrieux et civilisé. Ils ne s'en tiendront pas là et ne seront point satisfaits tant qu'ils n'auront pas annexé à leur territoire le groupe des îles Sandwich, si commodément placé pour servir d'étape à la ligne de steamers qui va s'établir entre San-Francisco, les ports du Japon et la Chine. Une influence tantôt sourde et cachée, tantôt officielle et publique, s'attaque peu à peu à l'indépendance de ces îles. Les missionnaires protestants ouvrent la voie, et, la Bible en main, initient ces peuples à la vie représentative. Honolulu a son roi constitutionnel, sa chambre haute et sa chambre des députés. Un discours de la couronne, écrit souvent par une main américaine, vient chaque année ouvrir cette session océanienne. Pendant ce temps, les agents de l'Union sèment l'or autour d'eux, les dollars circulent, et, si cette voie indirecte ne suffit pas, l'escadre d'un commodore vient, comme par hasard, mouiller dans la baie. Heureusement un roi imbécile est mort dans une orgie, après quinze jours d'ivresse, et son successeur, le jeune Kaméhaméha IV, de retour d'un voyage aux États-Unis, où il s'est vu méprisé pour sa couleur, oppose une digue momentanée aux projets ambitieux des Américains.

Telle est la situation au Nord. Nous allons voir la politique envahissante des États-Unis descendre dans les divers pays de l'Amérique centrale, toujours plus active à mesure que les États sont plus faibles ou qu'ils touchent de plus près le territoire de l'Union.

II.

Parmi les divers pays qui constituent l'Amérique centrale, le Mexique, par sa position géographique et le triste état de désorganisation où il est arrivé, est le plus exposé aux redoutables coups de l'ambition *yankee*. Déjà, par deux fois, les États-Unis lui ont fait sentir le poid de leur terrible voisinage. Tandis que l'orgueilleuse république américaine grandit d'année en année, et voi chaque jour s'accroître ses richesses et sa puissance, le Mexique, composé d'éléments hétérogènes, comptant dans son sein plus d'Indiens que d'Espagnols, végète dans une impuissance déplorable et tombe de révolution en révolution. Qu'à la suite de *pronunciamientos* ou d'une révolte de troupes, il mette à sa tête le général Arista ou le général Lopez de Santa-Anna, la richesse n'afflue point dans ses villes ni l'ordre dans ses provinces. Tout est confusion, rien n'est dans son centre, et l'anarchie dévore de plus en plus les finances. Le gouvernement n'a plus dans ses caisses de quoi payer ses fonctionnaires ni même ses soldats. Il leur doit près d'une année de solde, et ce qui permet encore au Mexique de vivre, c'est le reste de l'allocation que lui paie le gouvernement de

Washington pour l'achat de ses provinces. Tel est l'ennemi que les États-Unis ont à combattre et l'adversaire
qui arrête leurs projets.

On conçoit qu'avec un pareil voisin les Américains ne
se gênent guère : aussi ne se font-ils pas faute de reculer
leurs frontières et d'enlever à chaque instant au Mexique
quelques portions de territoire. Ce sera autant de moins
à réunir un jour. Rien de plus curieux que l'attitude des
représentants de l'Union à Mexico. On dirait qu'ils sont
envoyés par une compagnie chargée de préparer l'annexion. Au reste, ils ne dissimulent point leurs projets,
et il n'est sorte de propositions hardies qu'ils ne fassent
aux divers présidents qui se succèdent. Dernièrement
M. Gadsden proposait au général Santa-Anna, au nom de
son gouvernement, l'achat de la presqu'île de Yucatan.
« La Floride, disait-il, est la tête du golfe ; les bras sont
dans le Yucatan. Moyennant l'acquisition prévue de
Cuba, nous ferons du golfe du Mexique un *mare clausum*
enlevé à tout jamais à l'influence et au commerce de
l'Europe. » Cette belle perspective n'a point séduit le
gouvernement mexicain. Le président a reculé devant la
responsabilité de l'entreprise et un reste d'amour-propre
national. Mais ce sentiment persistera-t-il longtemps ?
Déjà Santa-Anna n'est plus, une nouvelle révolution
désole le Mexique, et les *riflemen* de l'Union attendent,

impatients sur les bords du Rio Bravo del Norte, le moment d'envahir impunément la frontière et de conquérir la Basse-Californie.

L'Espagne, cet autre adversaire de la république américaine, cet autre obstacle à ses desseins, n'est point dans une situation plus prospère que le Mexique et, comme lui, décline peu à peu sur la pente des révolutions. La belle île de Cuba, objet de si ardents désirs, ne lui échappera-t-elle pas bientôt? Il n'est sorte de projets que les États-Unis ne forment sur cette île. Tantôt ils lancent contre elle des aventuriers, comme la bande du flibustier Lopez, et organisent à la Nouvelle-Orléans la société de l'Étoile solitaire, qui achète des armes, des munitions, dispose d'une armée et d'une flottille. Tantôt, faisant sortir cette question des mains des particuliers, et rentrant dans la voie légale, ils discutent en congrès l'annexion de Cuba à prix d'argent, et se montrent disposés à donner à l'Espagne deux cent cinquante millions de dollars (un milliard trois cents millions) en échange de l'acquisition si désirée. Cette somme serait un heureux auxiliaire du budget espagnol, depuis si longtemps obéré. Il y aurait de quoi couvrir toute la Péninsule de chemins de fer et de voies de communication perfectionnées ; mais la fierté castillane s'est indignée de cette proposition et un ministre a déclaré, aux applaudissements des cortès, que vendre l'île de Cuba ce serait vendre l'honneur de l'Espagne.

En attendant qu'une nouvelle révolution soit à Madrid, soit à la Havane, permette aux États-Unis de s'emparer de Cuba, ils se sont retournés vers le fond du golfe, sur le Centre-Amérique. On entend par là les territoires formant autrefois la Capitainerie-Générale de Guatémala, et qui depuis se sont séparés en cinq États distincts, Guatémala, Honduras, Costa-Rica, San-Salvador, Nicaragua. Ces cinq États, perpétuellement divisés, faiblement peuplés, où domine l'élément indien, semblent frappés de cette incapacité politique qui distingue toute la race Hispano-Américaine du Nouveau-Monde. Les immenses ressources de leur territoire restent improductives, et ils ne profitent point de l'importance que leur donne leur position inter-océanique depuis la colonisation de la Californie, et l'accroissement du commerce de l'union avec les habitants du Céleste-Empire. Le peu d'activité qui leur reste se consume en luttes intestines et en rivalité de races, quand tous leurs efforts réunis ne seraient point capables de les sauver. Qu'importe en effet que Costa-Rica soit plus puissant que Guatémala, ou que l'on attribue au président de Honduras des vues ambitieuses pour rétablir le fédéralisme ! De plus grands intérêts sont en jeu. Il ne s'agit plus pour ces républiques de dominer, mais de vivre. Le génie des États-Unis est là qui presse, qui menace, qui voit avec joie ces états se déchirer, et prépare le jour prochain de l'annexion.

L'intervention des Américains du Nord dans le centre Amérique devient chaque année plus impérieuse, la conquête plus imminente. Ils ont des agents actifs auprès de toutes ces petites républiques, et les agents officiels eux-mêmes ne cachent point les vues de leur gouvernement. Quelques esprits plus prévoyants que les autres invoquent à grands cris le puissant bras de la France : mais ce bras est occupé ailleurs et ne paraît pas.

Pendant ce temps, les États-Unis couvrent l'isthme de leurs capitaux, l'inondent de leurs vigoureuses populations, et çà et là débarquent sur ses rives des centaines de flibustiers, sauf à les désavouer plus tard. Nous parlerons en leur lieu des aventuriers Walker et Kinney.

Depuis l'annexion de l'Orégon et de la Californie, les négociants de New-York et de la Nouvelle-Orléans ont senti la nécessité d'une voie de communication courte et facile entre les deux océans. Le chemin de fer du Pacifique qui, traversant les prairies et les montagnes rocheuses, doit relier entre elles New-York et San-Francisco, ces deux grandes métropoles distantes de douze cents lieues, n'est encore qu'un projet, et des difficultés presque insurmontables s'opposeront longtemps à son exécution. Ces négociants ont donc tourné leurs regards vers l'Amérique centrale, vers ce point où du sommet des Andes on peut apercevoir les deux Océans. Une compagnie française avait été créée quelques années auparavant pour le percement de l'isthme, et le gouvernement local lui avait octroyé des priviléges. Les journaux en avaient fait grand bruit. Des ingénieurs européens, envoyés sur les lieux, avaient entassé enquête sur enquête : rien n'avait abouti. Quelques capitalistes de New-York se réunissent : avec leur seule initiative, sans subvention aucune de l'État, ils se mettent résolument à l'œuvre ; et, en moins de quatre ans, le chemin de fer de l'isthme de Panama est ouvert, une ville est créée sur l'Atlantique, et l'on va en trois heures d'un Océan à l'autre. Dire ce qu'il a fallu de prévoyance, d'efforts, de souffrances de toute sorte, serait inutile : il n'y avait pas de quoi décourager l'esprit hardi de capitalistes *yankee*. Sur ce terrain primitif, on ne trouvait rien ; il a fallu tout apporter : les hommes, le fer, le bois, les briques, les animaux, tout venait à grands frais des États-Unis. Des centaines d'hommes mouraient des fièvres ; un navire en ramenait aussitôt. Peu importe la vie des hommes aux Etats-Unis, l'important est de s'enrichir, et ils se sont enrichis en effet. Malgré d'énormes frais de premier établissement, malgré la construction de villes, les négociants de New-York auront au moins dix pour cent de leur argent. Le chemin de fer transporte par mois cinq mille personnes d'un Océan à l'autre, autant que le bateau à vapeur de Douvres à Calais ; et le passage des marchandises et des métaux précieux prend chaque jour de plus vastes proportions. Pour attirer les émigrants, un service régulier de steamers est organisé entre New-York et Aspinwall, et correspond, de l'autre côté de l'isthme, avec la ligne de Panama à San-Francisco.

Les négociants de la Nouvelle-Orléans ne sont point restés en arrière, et ils ont voulu, eux aussi, avoir leur voie de communication rapide avec la Californie. Ils ont obtenu du Gouvernement de Nicaragua la concession d'un canal à travers cet état. La nature a tout fait ici pour faciliter le travail de l'homme. On peut d'abord se servir du fleuve San-Juan de Nicaragua, puis on trouve, au centre de l'isthme, le beau lac de ce nom. La seule diffi-culté consiste à faire franchir au canal la crête des cor-dillères. Les études des ingénieurs s'exécutent, les pre-miers travaux sont commencés. En attendant, un service provisoire de bateaux à vapeur a été établi à travers le fleuve et le lac, et une belle voie carrossable, remplaçant l'antique sentier, va bientôt conduire les émigrants jus-qu'au rivage du Pacifique. Une double ligne de steamers entre la Nouvelle-Orléans et San-Juan de Nicaragua,

d'une part, la côte du Pacifique et San-Francisco, de
l'autre, fonctionne déjà, et présentera bientôt aux voya-
geurs l'avantage d'une voie plus courte que l'isthme de
Panama.

Un troisième projet enfin préoccupe grandement l'attention sur le continent américain, et a manqué amener
la guerre entre les États-Unis et la république mexicaine.
C'est encore entre les deux États un sujet de vives récri-
minations. Il s'agirait de construire un chemin de fer à
l'endroit où le Mexique, se resserrant tout à coup, forme
l'isthme de Téhuantépec. Ce chemin, partant d'un point
quelconque de la côte près de la Véra-Cruz, traverserait les
terres concédées par le roi d'Espagne à Fernand Cortez,
et aboutirait au port de Téhuantépec. On sait en effet
que ce héros avait eu l'idée d'établir une route entre les
deux Océans, et avait choisi de ce côté ses *haciendas* Les
Américains du Nord, ces nouveaux vainqueurs du Mexique, ont repris le projet de Cortez, si longtemps abandonné, et ont acheté à un Mexicain, don José Garay, la
concession de ce railway qui lui avait été faite par le
président Santa-Anna. Il n'est point douteux que les capitalistes américains ne finissent par avoir raison du
mauvais vouloir et des alarmes du cabinet de Mexico.
La voie de Téhuantépec sera un jour la plus rapide entre
les grands ports de l'Union et de la Californie.

Tous ces priviléges octroyés par les gouvernements locaux, sont toujours accompagnés d'énormes concessions de terres. C'est un trait caractéristique de la politique des États-Unis : c'est son mode habituel, son procédé ordinaire. Dans les divers traités des sujets de l'Union avec les républiques de l'Amérique centrale, on rencontre toujours des stipulations de ce genre. Ainsi, le gouvernement colombien fait don à la compagnie de l'isthme de Panama, en toute propriété, de cent cinquante mille *fanégadas* (quatre-vingt-mille hectares). Il lui cède en outre tous les terrains vacants sur la baie de Limon et dans l'île de Manzanilla, tête du chemin de fer. La compagnie New-Orléanaise, de son côté, a obtenu du Nicaragua d'énormes portions de terrains à coloniser. Enfin le privilége accordé à don José Garay, et transmis par lui à une compagnie américaine, contenait la cession des terrains inoccupés, dix lieues à droite et à gauche du parcours. On comprend ce qu'aurait de dangereux une pareille faculté laissée à la colonisation américaine. Le Mexique, menacé au nord, s'est alarmé de ce projet d'invasion au midi, et refuse à don José le droit de transmettre son privilége. L'exemple du Texas n'est point perdu pour lui.

Le gouvernement colombien, plus faible ou plus imprévoyant, semble aller au devant de l'annexion. Par une loi en date du 26 février 1855, il a reconnu l'état de Panama comme état fédéral, ayant sa constitution propre, nommant son président, et ne relevant que sous certains points généraux du pouvoir central. C'était une concession nouvelle faite à la race anglo-saxonne. Aussi l'état de Panama ne fait-il plus partie que de nom de la république de la Nouvelle-Grenade. L'Isthme est littéralement envahi par les Américains du nord : ils s'y regardent comme chez eux, refusent de reconnaître les autorités du pays, et affectent une attitude altière. Ils créent déjà des villes, fondent Aspinwall et Navy-Bay, et bientôt, grâce aux moyens dont ils disposent, ils seront plus nombreux que la population indigène.

Enfin, comme dernier moyen d'influence, et le plus redoutable, les Américains du nord ont leurs bandes d'aventuriers. Deux colonnes en effet se sont mises en marche, et ont couvert de leurs ravages l'État de Nicaragua. La guerre civile règne sur ce territoire : les révoltés appellent à leur aide les capitaux et les armes des États-Unis. Walker et Kinney arrivent, guerroyent pour leur propre compte, fusillent le ministre des affaires étrangères, dispersent l'armée du général Corral, et augmentent encore le désordre. Grenade, la capitale de l'État, tombe par surprise entre leurs mains : Walker est proclamé dictateur, et le nouveau gouvernement Nicaraguais envoie un ambassadeur extraordinaire à Washington. Je ne sais si la politique des États-Unis n'est pas aussi habile que la politique romaine. D'après Montesquieu, les Romains procédaient toujours par intervention, favorisaient l'un, détruisaient l'autre ; prenaient Marseille sous leur protection pour intervenir dans les affaires de la Gaule et y prendre pied. Ici, c'est une politique moins prudente, moins scientifique, mais qui arrive au même résultat. Ces enfants perdus de la démocratie américaine, récusés par leur gouvernement, posent les premiers jalons de l'annexion future.

Mais ces évènements n'attirent point l'attention de l'Europe, et les exploits de Walker et de Kinney n'émeuvent guère l'opinion de ce côté de l'Atlantique. Deux faits seuls ont produit une certaine sensation, le bombardement de Greytown et la mission du général Caznau à Santo-Domingo. Nous entrerons dans quelques détails relativement à ces deux faits.

Un vapeur de la compagnie trans-océanique longeait la baie de San-Juan de Nicaragua, baptisé depuis peu du nom de Greytown. Il rase une petite barque dans laquelle était couché un pêcheur. Celui-ci fait signe au capitaine de s'écarter, lui criant qu'il va faire chavirer sa barque. Le capitaine entre dans la plus violente colère, prend son revolver, ajuste le malheureux, et l'étend mort sur son banc. La population de Greytown, indignée, s'empare du capitaine et le jette dans la prison de la ville. M. Borland, agent américain, qui se trouvait à bord et avait été témoin du crime, proteste contre cet emprisonnement d'un citoyen des États-Unis, fait reprendre de vive force le meurtrier, et le vapeur continue sa route vers sa destination. Arrivé à Washington, M. Borland jette feu et flamme, s'indigne de cet attentat contre la majesté des États-Unis. Le président Pierce s'indigne à son tour, et la frégate *le Cyane* est envoyée avec M. Borland à Greytown pour demander réparation. La population refuse. Le commandant du *Cyane* lui donne vingt-quatre heures pour se décider ; après quoi, il fera ouvrir le feu. Les malheureux habitants de Greytown se sauvent dans les bois, et la ville, composée de barraques en planches, est réduite en cendres. Le capitaine Hollins, fier de cet exploit contre une poignée d'hommes sans défense, met aussitôt à la voile pour retourner aux États-Unis.

Un incident digne d'être noté, c'est la présence dans les eaux de Greytown, au moment du bombardement, de la goëlette anglaise *la Bermuda*, et les rapports aigres-doux qui s'élevèrent à cette occasion entre le capitaine Hollins et l'officier anglais. Le capitaine Jolly déclara qu'il regrettait vivement de n'avoir point assez de canons pour faire repentir le commandant du *Cyane* de son odieuse conduite. A quoi le capitaine Hollins répondit qu'il en était plus désolé encore, car cela lui aurait donné l'occasion de le traiter comme il venait de traiter Greytown.

La mission du général Caznau à Santo-Domingo n'a point été aussi guerrière, mais plus pacifique, et entourée d'une auréole de bienveillance réciproque. Il est vrai que le plénipotentiaire américain arrivait en 1854 dans le port de Santo-Domingo avec la frégate *Columbia*, le sloop de guerre l'*Albany*, la frégate le *Cyane*, celle qui venait de détruire San-Juan de Nicaragua. Mais la présence de madame Caznau à bord devait enlever toute inquiétude, et maintenir à l'expédition son caractère pacifique. Le diplomate de l'Union descendait à terre, et se déclarait muni de pleins pouvoirs pour conclure avec la république Dominicaine un traité de commerce des plus étendus. Les citoyens des deux États devaient être traités sur le pied d'une égalité parfaite sur le territoire les uns des autres, et les principes les plus larges étaient admis pour les échanges. Comme corollaire du traité, la république Dominicaine devait céder aux États-Unis la magnifique baie de Samana, avec l'emplacement nécessaire pour y bâtir un fort et y établir des dépôts de marchandises et de charbon. Tandis que le plénipo-

tentiaire américain négociait cette clause, la *Columbia*,
l'*Albany*, le *Cyane*, naviguaient dans la baie, en exa-
minaient les bords, et débarquaient à Samana des ingénieurs occupés à lever des plans. L'annexion paraissait
un fait accompli. Heureusement, la politique anglo-
française l'emporta cette fois encore. Les cabinets de
Paris et de Londres, effrayés de la prépondérance extraordinaire que donnerait aux États-Unis dans les
Antilles la possession d'une semblable station navale,
envoyèrent à leurs agents les instructions les plus pré-
cises. Le congrès refusa sur leurs instances de ratifier
le traité conclu par le président, et les négociations traî-
nèrent en longueur. En vain, le général Caznau adressa
ultimatum sur *ultimatum* au gouvernement Dominicain,
en vain sa femme, violente annexioniste, protesta contre
cette immixtion illégale de l'Europe dans les affaires du
Nouveau-Monde : la mission du général échoua ; et la
république dominicaine conserva, avec la baie de Samana, le plus ferme boulevart de son indépendance.

III.

L'Amérique du Sud, quoique menacée moins directement que le centre Amérique, n'est point à l'abri de la politique batailleuse et tracassière des États-Unis. C'est au nom du principe de la liberté des fleuves que les Américains du Nord interviennent ici. Dans le Vénézuéla et la Nouvelle-Grenade, toute la navigation intérieure est entre leurs mains. Là où ils ne l'ont point encore, ils prétendent l'obtenir en dépit des gouvernements locaux. Ils veulent forcer l'entrée de l'Amazone et s'attirent des difficultés avec le Brésil, le seul des États américains qui, par sa constitution monarchique, soit de taille à leur résister. Ils songent à s'emparer de l'îlot Martin-Garcia, appartenant à la république Argentine et dominant l'embouchure du Rio de la Plata. Il n'est point jusqu'au lointain et innocent Paraguay qui n'ait eu cette année son démêlé avec eux. Le consul Hopkins traite de puissance à puissance avec le président Lopez, et le steamer de guerre le *Water-Wicht*, voulant, malgré le décret d'interdiction, remonter le cours du Parana, a essuyé le feu d'une batterie de la côte et a été obligé de regagner Corrientes.

Ailleurs, ils profitent de la découverte des îles de Guano, et mettent leurs capitaux et leur expérience commerciale au service des gouvernements indigènes. C'est ainsi que la possession de l'île d'Aves est dans ce moment une source de conflits avec le Vénézuéla, et l'on sait qu'à propos des îles Gallapagos ils ont été sur le point de faire reconnaître par un traité leur protectorat sur tous les ports de l'Équateur.

Telle est la situation du vaste continent du Nouveau-Monde. La partie, on le voit, n'y est point égale ; un juste équilibre n'y préside pas à la distribution des forces. D'un côté, un peuple jeune, hardi, plein de foi en ses destinées, riche d'avenir, et grossi chaque année de tout ce que l'Europe compte de gens aventureux et entreprenants ; de l'autre, une race abâtardie, se débattant dans les révolutions et l'anarchie, n'ayant plus foi en elle-même et se sentant mourir. Elle a beau marcher de *régénération* en *régénération,* la race hispano-américaine ne peuple point ses solitudes, ne tire point parti de son sol et semble incapable d'établir un gouvernement durable. De Lima à Buénos-Ayres ou à Mexico, les finances sont dans un état déplorable. Le régime monarchique seul pourrait sauver ces nationalités, et elles semblent fatalement imbues des principes démocratiques.

On peut donc prévoir le jour où la race hispano-

américaine disparaîtra devant la race anglo-saxonne,
comme les Indiens ont jadis disparu devant les Espagnols. Quels seront les héros de cette révolution nouvelle? Auront-ils la taille des Almagro et des Pizarre, où
sera-ce seulement des aventuriers comme les Walker et
les Kinney?

Commenceront-ils leurs conquêtes par Cuba, ou le
Mexique sera-t-il d'abord leur proie? Nul ne le sait ;
mais ce jour-là les mânes du président Monroë tressaille-
ront de joie ; son rêve aura été accompli : le drapeau de
l'Europe ne flottera plus sur aucun territoire de l'Amérique ; la patrie de Christophe Colomb sera bannie de
ces parages ; la Martinique et la Guadeloupe, ces deux
nobles débris de la puissance de la France, obéiront à
des commodores de l'Union ; et les capitaines Hollins et
Ingraham promèneront tranquillement leur pavillon sur
ces mers de Duquesne et de Lamotte-Piquet.

IV.

Si encore, obéissant comme malgré eux à cette force d'expansion qui les sollicite, à ce besoin d'activité qui pousse leurs populations hors de leur territoire, les Américains du Nord se bornaient à entraver toute immixtion de l'Europe sur leur continent ; si, fidèles à leur système politique, ils réservaient pour l'Amérique cette soif de domination qui les possède, le vieux monde, refoulé sur lui-même, n'aurait peut-être rien à dire ; mais la politique de non-intervention, œuvre des Washington, des Adams, des Jefferson, quoique exaltée souvent encore devant les représentants étrangers, n'est plus de mode. Une politique nouvelle semble guider aujourd'hui le cabinet de Washington, et le gouvernement de l'Union, protestant contre toute action de l'Europe de l'autre côté de l'Atlantique, aspire lui-même à exercer son influence jusque dans les mers intérieures de notre continent.

Si l'on en croit les rumeurs populaires, l'idée fixe des États-Unis serait en effet d'acquérir un port et de posséder un établissement maritime dans le bassin de la Méditerranée. Cette prétention n'est pas l'une des faces les moins curieuses de la question américaine. Il y a un an, au moment où la principauté de Monaco restait indécise entre son souverain et la Sardaigne, le cabinet de Washington proposa, dit-on, au premier l'achat du port de Monaco. Les gouvernements italiens s'émurent, redoutant un si dangereux voisinage. Heureusement pour leur tranquillité, l'affaire n'eut pas de suite. Plus récemment encore, au mois de novembre dernier, on a signalé l'arrivée à Athènes d'un plénipotentiaire américain. Ce diplomate aurait proposé au roi Othon l'acquisition de l'île de Milo par les États-Unis, moyennant le paiement intégral de la dette anglo-française. Les dollars américains auraient mis la cour de Grèce en dehors de l'action des puissances occidentales, et lui auraient rendu son initiative. La sagesse du roi l'emporta, et il sut résister à cette perspective si séduisante.

Au Nord, nous retrouvons les États-Unis à l'entrée de la Baltique. Le Danemark, séparé d'eux par tout l'Océan Atlantique, confiant dans un usage séculaire, et croyant qu'il y avait une prescription pour les États comme pour les individus, continuait à toucher un droit de tout navire franchissant le détroit du Sund. C'était la principale source de ses revenus. Les États-Unis ont attaché le grelot ; et le président Pierce, avec cette brusque attitude de la politique américaine, a tout à coup notifié au gouvernement danois qu'il n'aurait plus à percevoir l'impôt du Sund des bâtiments de l'Union, à l'expiration du traité de commerce conclu naguère. Que va-t-il advenir? Les navires américains franchiront-ils de vive force le détroit du Sund, ou le gouvernement royal cédera-t-il? Le cabinet de Copenhague s'agite; il entrevoit en cas de guerre, la perte immédiate de ses deux riches colonies de Sainte-Croix et de Saint-Thomas; et il cherche à conjurer l'orage. C'est à cette cause que l'on doit attribuer la mission de l'amiral Mourier à Paris.

Les révolutions qui, de nos jours, viennent périodiquement bouleverser l'Europe, ont également fourni aux États-Unis l'occasion de montrer leur mauvais vouloir contre les vieilles monarchies. Partout ils ont pris fait et cause pour les peuples contre les gouvernements établis. Ils ont accrédité en 1849 un plénipotentiaire, M. Dudley Mann, auprès de la république hongroise : et, pour toute réponse à la protestation du cabinet de Vienne, le secrétaire d'état aux affaires étrangères a rappelé la conduite de l'Autriche envoyant un chargé d'affaires aux États-Unis révoltés : ce qui était au moins manquer de reconnaissance. Un bâtiment de la marine militaire de l'Union à été spécialement envoyé à Constantinople pour recueillir Kossuth, le héros de l'insurrection maggyare. Bien plus, l'Autriche a été bravée par le capitaine Ingraham jusque dans le port de Smyrne, au fond de la Méditerranée, à trois mille lieues de la côte américaine. Le réfugié Martin Kozsta a été arraché des mains de son consul, sous prétexte qu'il était citoyen des États-Unis, et les canons du *Saint-Louis,* prets à tirer, lui ont offert un abri. Le cabinet autrichien n'a jamais obtenu réparation de cet outrage. En Espagne, M. Soulé a pris ouvertement parti pour la révolution, prévoyant que son triomphe affaiblirait encore plus la péninsule. Par ses discours hardis contre le gouvernement de l'empereur, à Lyon et à Londres, il s'est fait refuser à Calais l'entrée du territoire français. On connait la carrière de ce diplomate, son duel avec l'ambassadeur de France, ses intrigues avec le parti démagogique européen. C'est lui qui fut l'instigateur de ces fameuses conférences d'Ostende qui s'ouvrirent en octobre 1854. Là, les trois représentants de la république américaine auprès des cours d'Espagne, d'Angleterre et de France, délibérèrent sur les moyens les plus propres d'acquérir Cuba. Les protocoles de ces conférences, rendus publics, excitèrent dans tous les cabinets l'émotion la plus vive. Jamais le droit de la force n'avait été proclamé si haut. L'Europe entière s'indigna de ces nouveaux principes politiques qui venaient si fièrement se produire dans son sein, et se sentit outragée toute entière dans la personne de l'Espagne.

V.

Nous venons d'esquisser à grands traits la politique des États-Unis, et de suivre ses principaux développements sur les divers points du globe. Jamais pareille énergie ne fut déployée, jamais activité plus ardente ne se produisit sous le soleil. Heureusement pour le Nouveau-Monde, cette expansion désordonnée trouve un obstacle dans les flottes des puissances maritimes; la politique anglo-française oppose une digue au flot montant de l'ambition américaine. Partout, à Honolulu comme à Samana, à Cuba comme à Mexico, les deux politiques se heurtent, les deux civilisations se rencontrent : les États-Unis prêchant la rebellion, le désordre, soufflant les idées d'annexion ; la France et l'Angleterre prenant la défense des gouvernements menacés, et soutenant la cause de l'indépendance des peuples. De là, cette inimitié sourde, cette hostilité parfois violente contre l'Europe que l'on trouve au fond de tous les actes de la politique américaine : de là sa rivalité si pleine de fiel avec la Grande-Bretagne, et les fréquentes insultes que le gouvernement anglais dévore en silence.

Loin de nous cependant l'idée, en énumérant ainsi

les principaux griefs de la politique américaine, de pousser les puissances maritimes à la guerre. Une guerre avec les États-Unis serait plus lourde encore pour l'Europe que la guerre avec la Russie. La lutte qui vient de finir était purement continentale, circonscrite dans un espace déterminé ; le reste du monde était libre et les navires de commerce sillonnaient partout tranquillement les mers. Dans la guerre avec les États-Unis, au contraire, il n'est pas un point du globe qui soit en dehors de la lutte, où elle n'exerce ses ravages : le commerce de la France et de l'Angleterre est forcément suspendu ; des milliers d'audacieux flibustiers parcourent les mers ; la civilisation recule ; la guerre perd ce caractère de grandeur et d'humanité que les manières élégantes et la haute courtoisie des officiers russes n'avaient pas peu contribué à lui donner, et revêt un caractère sauvage et cruel.

Je sais que les grands ports de l'Union, dégarnis de forts, ne pourraient résister à un bombardement ; que l'immense étendue des côtes à défendre faciliterait les projets de l'ennemi ; que l'armée américaine ne se compose que de quatorze mille hommes, guère plus que la garnison de Versailles ; que la marine fédérale elle-même est d'une infériorité notoire vis-à-vis des grandes escadres européennes, grâce à l'indiscipline des équipages et à la répugnance des représentants de l'intérieur à voter des fonds dans ce but. Mais on n'ignore pas que l'Union couvre les mers de trente-quatre mille navires marchands, possède deux cent mille matelots ; que sa marine commerciale à vapeur se compose de cent quatorze steamers, représentant un capital de deux cent cinquante millions de dollars, un milliard deux cent millions de francs ; que le gouvernement de l'Union s'est réservé le droit d'acheter, en cas de guerre, ces steamers, en en remboursant le prix ; enfin, que tous ces navires seraient aussitôt couverts de hardis corsaires, d'aventuriers valeureux, avides de pillage et de ruine, ne respectant ni le pavillon neutre, ni les lois généralement reconnues du monde civilisé. L'on sait en outre que, tandis que nos grands états centralisés ont à porter le poids d'une dette énorme, et qu'un déficit annuel semble être l'état normal de leurs finances, la jeune Amérique, libre de ces lourdes charges que chez nous les gouvernements se transmettent les uns aux autres et qui les oppriment, voit chaque jour s'accroître ses économies et s'enrichir son trésor. Chaque année les rapports officiels des ministres, viennent annoncer de nouveaux progrès sur les années précédentes : et, chose inconnue en Europe, un ministre des finances, M. Guthrie, est venue exprimer au congrès son inquiétude de voir les recettes augmenter

dans de trop fortes proportions, son embarras de leur
trouver un emploi. Le budget de 1854 présentait un
excédant de recettes d'environ vingt millions de dollars.
Celui de 1855, est également satisfaisant ; et c'est avec
une juste fierté que M. Pierce a pu dire dans son dernier
message *qu'il serait difficile de trouver un système supé-
rieur à celui qui préside aux affaires financières de son
gouvernement.*

Loin de nous donc l'idée de désirer une guerre entre
les puissances maritimes et les Américains du Nord.
Il en résulterait un bien plus grand ébranlement dans
tout l'univers que de la guerre avec la Russie. Toutefois, il ressort de cet examen impartial des faits que
l'Amérique ne doit plus être, comme autrefois, un
accessoire dans la politique de l'Europe. Le vieux
continent ne saurait être indifférent à cette société nouvelle qui s'élève dans l'autre hémisphère, qui prétend
régner à son tour, et aspire à le remplacer sur la scène
du monde. Scipion croît pour l'élévation de Rome et
la ruine de l'Afrique, Carthage ne doit point rester
insensible à ses développements. Elle doit les surveiller
d'un œil attentif, et, par une ferme politique, chercher
à neutraliser ses progrès. Le système de l'expansion Américaine doit être désormais un objet principal de préoccu-
pation pour les cabinets. L'équilibre Européen n'embrasse

plus toute la politique : à coté de lui s'élève l'équilibre Américain ; et la question Américaine vient immédiatement la première par ordre d'importance après la question d'Orient. Si l'Amérique, dans son état actuel, est déjà un embarras et une menace pour l'Europe, si déja elle t sentir son étreinte aux puissances Européennes ues au fond de la Méditerranée ou de la Baltique, si lle nargue déjà l'Autriche, et dédaigne la France, e sera-ce quand cette immense puissance commerciale aura réalisé ses projets de conquêtes, quand elle sera assise sur les deux mers, et dominera également l'Atlan, tique et le Pacifique ! Ce n'est encore qu'une société qui commence, qui pose les premiers jalons de sa prépondérance maritime. Que sera-ce, quand elle aura atteint son développement normal ! Aujourd'hui c'est une puissance avec laquelle il faut compter : demain, ce sera un adversaire redoutable.

A. de M.

15 MARS 1856.

Imp. Wiesener, rue Delaborde, 12.